目からウロコ

十字架の道行再発見

祈りの学校校長
来《き》住《し》英俊 著

女子パウロ会

もくじ

はじめに

「十字架の道行」はいわゆる信心業の一つです。イエスへの死刑の宣告から、十字架上の死、埋葬に至るまでの十四の出来事を黙想し、祈ります。これについて書かれた本はたくさんありますが、ほとんどは祈りのテキストに短い序文が付いた小冊子です。本書は祈りのテキスト（別冊『十字架の道行の祈り』）も含んでいますが、この信心業を現代の信仰生活の中に位置づけることを重視しています。皆がしてきた美しい習慣だから自分も当然そうするという生き方は、信仰生活でも通用しなくなっているからです。現代は、自分がしていることの意義を考察した上で、自覚的に採用する時代です。

ミサの話から始まっているのをまどろっこしく思う読者もあるかもしれません。本書の立場は、カトリック信者の信仰生活をあくまで主日のミサを中心に営むものと考え、その他の様々な祈りはミサを支えるものとして考えるということです。

十字架の道行に、既に馴染みのある方は、最初から順に読んでください。まだ馴染みのない方は、だいたいのことを知るために、第二部から読むのもいいでしょう。

第一部　ミサと受難

第一章　ミサを中心とする生活

カトリック信者の中心儀礼は主日のミサです。カトリック信者とは、毎週の主日のミサにあずかり、イエス・キリストと語り合いながら、人生の旅路を歩もうとする者のことです。そのミサにおいて、会衆は、「イエス・キリストの死と復活を記念する」ことになっています。

私たちは今、主イエスの死と復活の記念を行い、ここであなたに奉仕できることを感謝し、いのちのパンと救いの杯をささげます。

（第二奉献文）

しかし、すぐにはそう見えません。福音朗読でも、毎回イエスの死と復活を語る個所を読んでいるわけではありません。また、ミサ後半の「感謝の典礼」は、イエス・キリストが弟子たちと共にした最後の晩さんを枠組みにしています。

主イエスはすすんで受難に向かう前に、パンを取り、感謝をささげ、割って弟子に与えて仰せになりました。「皆、これを取って食べなさい。これはあなたがたのために渡されるわたしのからだである。」

（第二奉献文）

イエスの死を直接に示すのは、司式者の唱える暗示的な言葉と動作だけです。復活については、「復活」という単語以外は暗示的なものさえ希薄です。ミサの構造や式文について勉強していなければ、いったい何をしているのか、わからないでしょう。

実を言うと、私は信者になったときから、ミサが一見ではわかりにくいものであることに、かすかな疑問を持っていました。中心儀礼を、なぜこんなにわかりにくいものにしたのか？　そのせいで、ミサの場に信者でない人が来ているときは、疎外感を与えないために気を遣います。また、キリスト教に関心のある友人を積極的にミサに招くことができません。

真面目に学んでだんだんと、ミサで司祭と会衆が何をしているのかが分かるようになりました。すると今度は、死と復活の記念というなら、なぜ「最後の晩さん」ではなく、その翌日の受難の出来事を目に見える形で押し出さないのだろうと思いました。

受難と死は、目に見えるドラマティックな出来事です。そして、受難と死が成し遂げられたとき、いわゆる復活を待たずに、イエスの地上での救いの業は完成しているとも言えます。実際、イエスは十字架上で息を引き取るとき、「成し遂げられた」と言っておられます（ヨハネ福音書19章30節）。ということは、受難と死を目に見える形で押し出せば、わかりやすい典礼になるのではないかと思いました。

「聖なる過越の三日間」中、聖金曜日の「主の受難」の祭儀では、ヨハネ福音書による受難の物語を朗読し、その出来事についての短い説教があり、荘厳な共同祈願をして、十字架を礼拝します。イエス・キリストの受難と死が、内容的にも詳しく、また目にも見える形で示されます。毎週のミサを、ミニ聖金曜日みたいにすればわかりやすいのではないかと思っていました。信者でない人がたまたま同席していても、「創始者の壮烈な死を記念しているのだ」程度にはわかるでしょう（共感するかどうかは別ですが）。

（注）「聖なる過越の三日間」については、オリエンス宗教研究所の小冊子『聖週間の典礼（会衆用）聖なる過越の三日間』に要領を得た説明があります。

しかし今は、中心儀礼であるミサが最後の晩さんの記念という形を取ることを納得しています。キリスト者が求めるものは、「皆が一緒に生きていくことができる世界」です。一緒に生きていくという志向は、人間の社会では食事を共にするという行動で象徴的に表現されます。イエスの宣教の中で、人々と一緒に食事をされたということが強調されるのはそのためです。復活後も、イエスが弟子たちのところに現れたときは、よく一緒に食事をしています（ヨハネ21章12節～13節など）。人間同士の間にはいろいろ葛藤やトラブルがあります。それはそれで解決していかなければならない。しかし、食事は一緒にする。いろいろ難しいことがあるとしても、それでも一緒に生きていこうとする志向を身体をもって表現するのが食事です。

（注）「それでも一緒に生きていく」という主題を、私は『気合の入ったキリスト教入門』シリーズ（全三巻、ドン・ボスコ社）で展開しています。

イエスは、地上の人生の最後の時にあたって、弟子たちと一緒に食事をすることによって、ご自分の活動が目指すものが何であったかを示されたと思います。ルカ福音書にはこうあります。

時刻になったので、イエスは食事の席に着かれたが、使徒たちも一緒だった。イエスは言われた。「苦しみを受ける前に、あなたがたと共にこの過越の食事をすることを、わたしは切に願っていた。」（22章14～15節）

キリスト教信仰にとって、イエス・キリストの「受難と死」は決定的に重要です。しかし、それはやはり手段なのであって、イエスの生涯の目的ではありません。皆が一緒に食事をするような世界を実現するために、イエス・キリストは独りで十字架に向かって進んで行かれました。だから、毎週のミサの中心部分は、その前夜の一緒の食事（の記念）という形をしています。ただ、ミサにおける聖体の制定の言葉の中に、「一緒の食事」と「受難と死」との深いつながりがほのめかされます。奉献文の文章を再掲します。

主は進んで受難に向かう前に、パンを取り、感謝をささげ、割って、弟子に与えておおせになりました。「皆、これを取って食べなさい。これはあなたがたのために渡される、私のからだである。」

（第二奉献文）

四つの動詞、パンを「取る」、「感謝をささげる」（祝福する）、「割る」（裂く）、「与える」は、食事そのものの手順であると同時に、翌日のイエスの受難と死を示す言葉でもあります。

こういうことではないかと思います。ある人物やグループがする献身的な努力を語るときには、二つの仕方がある。一つは、彼が「求めたもの」を指し示す仕方です。もう一つは、そのために選ばれた最もユニークで重要な「手段」を指し示す仕方です。その手段があまりにも決定的に重要である場合には、あたかもそれ自体が彼の目的であるかのような語り方がされることがあります。

たとえば、ゆるしの秘跡は、欧米では「和解の秘跡」（sacrament of reconciliation）と呼ばれます。キリストが求めるものは和解だからです。離れてしまった者たちが、また一緒に歩む（生きる）ようになることです。しかし、和解が達成されるためには、しかるべきポイントで明確な罪の告白とゆるしがなければならない。だから、あの秘跡は「和解の秘跡」とも呼ばれ、また「ゆるしの秘跡」とも呼ばれます。

ミサの場合は、キリストが求めるものを優先した構造になったのだと思います。つまり、「食事」（の記念）という形を枠組みにすることによって、ミサにあずかる者たちがキリストと共に求めるものは、「一緒に生きることができる世界」であることを表明しています。その世界を実現するためにイエスがとった行動の究極が「死にいたる受難」ですが、それは暗示的な表現にとどめています。

第二章　受難と死の出来事に親しむ

カトリック信者は、ミサに忠実にあずかるだけでなく、受難と死の「出来事」に親しむ必要があります。そうすれば、ミサの中にイエスの受難と死の記念が含まれていることがもっとビンビンと心に響くようになり、ミサの恵みにより深くあずかることができます。

出来事に親しむために、その意味を理解することはどうしても必要です。意味のまったくわからない出来事は瞬間的な衝撃はあっても、長く地道な親しみを持つことはできません。しかし、その反面、人間は出来事そのものに接する手間を省いて、意味の探求に精出すものでもあります。たとえば、文芸批評がそうです。作品そのものはざっと一回読んだだけで、あとはひたすら批評を読むという人もいます。たとえば、夏目漱石の小説『こころ』はいろいろな角度から考察できるもので、多くの興味深い研究が発表されています。理論的関心の強い人はそれでけっこう楽しめます。しかし、漱石を人生の旅路の糧にしようとするなら、作品そのものを何度も熟読しなければなりません。その手間をかける人にとってこそ、多彩な批評は役に立つのです。

イエスについても同じことで、救い主の受難と死という「出来事そのもの」を、自分たちの心に日々刻みつけていくことが必要です。そうでないと、意味の考察（神の子の受難の神学）は一見深いことを言っているようで、次第に知性の遊戯に堕《お》ちます。

カトリックの典礼生活の頂点である「聖なる過越の三日間」には、三つの典礼があります。

主の晩さんの夕べのミサ（聖木曜日）
主の受難の祭儀（聖金曜日）
復活徹夜祭

「主の受難」の祭儀は、出来事そのものに集中します。ヨハネ福音書の受難物語が、役を分けて荘厳に朗読され、そのあと説教がありますが、ミサ典礼書の注規（ルブリカ）には「必要に応じて短い説教を行う」と書いてあります。短くてもいいのではなくて、短くあるべきだということだと思います。聖金曜日の典礼は主の受難と死という「出来事」をあらためて思い起こすためのものであって、その「意味」

をあれこれと考えるときではない。ここで現代の生活から例を引いて雄弁に語ると、二千年前の出来事そのものは影が薄くなる気がします。

主の受難の意味を考えるのは、むしろ聖木曜日の「主の晩さんの夕べのミサ」です。師であるイエスが晩さんの席で弟子たちの足を洗ったという福音書記事が読まれて、それについて説教がされます。イエスがご自分の身をかがめて他人の足を洗う行動は、翌日の受難と死の意味（互いに仕える）をあらかじめ示すものです。

イエスは「わたしのしていることは、今あなたにはわかるまいが、後で、わかるようになる」と言われた。（ヨハネ13章7節）

この説教は、時間をかけてじっくり語ってほしいところです。つまり、「聖なる過越の三日間」の典礼は、死と受難の出来事を心に刻む典礼と、その意味を語る説教が別の日になっているのです。

主日のミサは教会の始めから祝われていますが、「聖なる過越の三日間」の典礼はその後に発展したものです。「主の受難」の祭儀が独立して祝われるのは、通常のミサでは主の受難と死の出来事が端的に語り直されていないことを教会が自覚したからかもしれません。しかし、年に一回の聖金曜日だけでは、イエス・キリストの受難と死の出来事を信者の心に刻むには不十分です。ミサ以外で日常的にそれを補うことが必要です。

第三章　イエスの受難と死を心に刻む

1．聖堂の十字架像

　聖堂正面の壁には、だいたいイエスの十字架像が掲げられています。聖堂の中心は祭壇ですが、ミサが祝われるとき、その背後に十字架のイエス像を見ることになります。ミサには直接的な形で現れていない「受難と死」の出来事を、ミサが祝われているときも常に視野の中にとどめておくことは、ミサのしるしを補完することになります。『ローマ・ミサ典礼書の総則（暫定版）』もこう述べています。

祭壇上、または祭壇の近くに、キリストの姿のついた十字架を置き、会衆からよく見えるようにする。こうした十字架は、信者の心に救いをもたらす主の受難を思い起こさせるので、典礼祭儀以外のときも祭壇の近くにおいたままにしておくことが望ましい。（308項）

どういうイエスの像を掲げるかは、実はけっこう議論のある問題です。ある時期の十字架像には、イエスの苦悶する表情や血を流す傷を表現した惨《むご》たらしい印象のものがあります。惨たらしくはなくても、刑死というあまりうれしくない姿です。そこで、聖堂正面には、むしろ復活のイエスを掲げた方がいいのではないかという意見があります。イエスの救いの業の中で受難だけを強調するキリスト教観になるのを警戒しているのです。また、ノン・クリスチャンに暗鬱な宗教という印象を与えるのではないかと心配する人もあります。この意見にくみする人はかなり多く、実際の聖堂にはそれを実現しようとしたものがあります。十字架は残すが、イエス像は受難ではなく復活のイメージになっています。

しかし、「死と復活」の出来事と言いますが、弟子たちは「復活するイエス」（ムクムク起き上がる）を目撃したのではありません。「復活したイエス」を体験したのです。十字架上で死んだイエスが、今ここに、自分たちと共にいるとわかったのです。つまり、「復活したイエス」は出来事ではなく、いわゆる五感では捉えがたい信仰の体験です。それを絵や像にするのはかなり無理があります。穏やかに微笑んでいるというだけでは、「死んで、そして復活した」イエス像とは言えないでしょう。

一方、イエスの受難と死は、当時にあっては五感で捉えることのできる普通の出来事でした。だから、本来絵や像に描けるものなのです。目の前に見つめて、黙想できる対象です。また、見る目のある者にとっては、イエスの死の中に復活はすでに含まれていると言えます。イエスは息を引き取るとき、「成し遂げられた」と言われたからです（ヨハネ19章30節）。これからも、聖堂の正面には十字架と共に受難のイエス像が掲げられるべきだと考えます。

2．福音書のレクチオ・ディヴィナ

キリスト教における神の救いはもともと物語の形をしていて、図像はその物語を凝縮したものです。だから、キリスト者は、イエスの受難の物語を何度も聴く必要があります。そのための王道は、福音書のレクチオ・ディヴィナです。

レクチオ・ディヴィナは聖書研究ではありません。聖書本文を、一言ひとこと、何度も繰り返して、ゆっくりと読むことです。聖書研究だけをしていると、出来事そのものよりも出来事の意味の方に注意が向きます。受難物語のレクチオ・ディヴィナを実践することによって、出来事そのものが心に刻み込まれていくでしょう。何の注釈もなしに同じ物語を何度も読み続けるのは難しいものですが、時々良い聖書研究や神学書を読むと、聖書本文を読み続けるための新たな刺激を得ることができます。

（注）「来住英俊『目からウロコ　聖書の読み方―レクチオ・ディヴィナ入門』（女子パウロ会）を参考にしてください。

レクチオ・ディヴィナは祈りの王道には違いありませんが、信徒にこれだけを勧めて涼しい顔をしているわけにはいきません。古来から、祈り（礼拝）には「修道院の祈り」と「カテドラルの祈り」という区別が意識されていました。修道院とは、ベネディクト会のような観想修道院のイメージです。カテドラルとは司教座聖堂という意味ではなく、信徒が大勢集まる場所という意味でのカテドラルです。信徒タイプの祈りと呼ぶことにしましょう。

修道院タイプの祈りの特徴は、一区切りが長いことです。たとえば、聖書全体を通読しつつ祈るというやり方は、終わるまで数か月かかります。詩編150を全部祈るだけでも、一日ではできません。修道院のように生活全体が祈りの雰囲気の中にあれば、一区切りが長くても、毎日淡々と続けることができます。

しかし、信徒の生活はそうではありません。祈りにかなりの時間を当てることができる環境の人でも、生活全体が祈りや聖書の雰囲気で満たされてはいません。一区切りつくまでが長いとしょっちゅう中断して完結しません。完結しない祈りには達成感や満足感が少ないのです。一単位を小さくして、それで完結するようにしておく必要があります。

その要請に応えるのが、いわゆる信心業（第二部で詳述）でした。ロザリオの祈りの一単位（一連）は主の祈り一回、アヴェ・マリアの祈り十回、そして栄唱です。数分で完結します。十字架の道行も一時間程度で完結します。こういう祈りは信徒の生活にも組み込みやすく、熱心にやりたい人はその一単位を何度も繰り返します。

生活全体の雰囲気は今でも信徒と司祭・修道者では歴然として異なります。神学や聖書を学ぶ信徒は増えていますが、時間や機会にはやはり差があります。にもかかわらず、信徒にも修道院タイプの祈りだけを推奨して疑わないとすれば、それは問題です。信徒でそういう祈り方の出来る人たちもいて、司祭や修道者はそういう信徒と親しくなることが多いので、それでいいと思い込んでしまうかもしれません。

3. 十字架の道行

雑ぱくな生活環境を前提にした上で、信徒タイプの祈り方を確立する必要があります。しょっちゅう宅急便の人がドアをたたく家庭で、受難物語のレクチオ・ディヴィナや聖書研究を定期的に実践するのは難しいことです。また、信徒は静かな場所に滞在して祈りに集中することも容易にはできません（いわゆる黙想会）。特に、既婚者には難しいことです。

修道院的な静謐《せいひつ》な祈りの環境のない人たちが、イエスの受難と死の出来事を心に刻むための有力な手段が「十字架の道行」です。イエスの地上の生涯の、最後の数時間（死刑宣告から埋葬まで）から十四の場面を選び、その出来事（場面）を黙想し、考察し、祈ります。ロザリオの祈りと並んで、いわゆる信心業の両横綱です。これがこの本のテーマです。

第四章　信心業とは何か

1．信仰と信心

まず、信心（devotion）という言葉について説明しましょう。信仰（faith）と混同されやすいのですが、別の言葉です。信仰とは、要するに「神との関係性」です。神との関係が深いことを「信仰が深い」と言うのです。キリスト者にとって隣人愛の実践は大事なものですが、その実践に熱心であるだけでは、「立派な信者だ」とは言っても、「あの人は信仰が深い」とは言いません。その実践が神との深い関係を育てたところから発していると思える場合に、信仰が深いと言います。しかし、その神なるものは人間の五感からすれば、やはり茫漠《ぼうばく》としています。

信心となると、何か目に見えるもの（想像できるもの）、五感でとらえることのできるものを中心にして、そこに自分の心を集中して向けることによって、神との関係（信仰）を深めようとします。信仰生活のそういうありかたを信心というのです。聖母への信心とか、聖人への信心とか、そういうものです。

そんなことを言えば、そもそもイエスという方が、神という茫漠とした存在を「見える」方、「交わる」ことのできる方にしてくださったはずです。ヨハネの福音書で、イエス自身が「わたしを見た者は、父を見たのだ」（ヨハネ14章9節）と言っておられます。だから、同じキリスト者でも、聖母信心とか聖人崇敬は不要だ（むしろ有害だ）と主張する人もあるのです。信心的なものなしに信仰生活をしっかりと維持できる人はそれでよいと思います。しかし、多くの人にとって、昇天して父の右におられる栄光のイエスは、人間の感情や感覚にとっては、まだ普遍的すぎる存在だと思います。もう一段、人間の五感に近づいた対象を必要としています。それが信心です。

聖母や聖人への信心だけでなく、イエスという方のある一面に心を集中する「イエスの聖心」の信心とか、「イエスの御名」の信心もあります。これは信仰の通俗化や堕落ではありません。神ご自身が人間を感情や感覚を持つものとして創造されました。人間に与えられた働きを十全に用いてご自分と交わることを、神は喜ばれると考えてよいのです。

どんな信心があるかということには、公定のリストはありません。ミサは、適正なものであることを保証するために、教会の規制の下にあります。自分の考えと工夫で、新しいミサを創作することはできません。一方、信心はもっと自由です。民衆的な信仰心の中から生まれてくる信心にも、教会の活力が現れています。その信心が愛されて、広く実践されるようになると、次第に形が標準化していきます。こうなると、信心というより、信心業という言葉が適切です。次のようなものが、広く実践されている信心業です。

イエスの聖心 ― お告げの祈り ― 初金曜日 ― 十字架の道行 ― ロサリオの祈り ― 聖人の崇敬 ― 不思議のメダイ ― 巡礼 ― ノヴェナ ― 聖遺物の崇敬 ― 聖体訪問（賛美式）

2．信心業

欧米語では、信心と信心業はあまり区別がありません。どちらも、devotion(s)です。日本語ではかなりはっきりした使い分けがあります。

信心業は、業という文字が入っているだけに、身体を動かして、具体的に何かをするというイメージが強くなります。たとえば、ロザリオの祈りは聖母への信心を養う信心業です。英語にexercise of piety（敬虔の実践）という言葉がありますが、それが日本語の信心業に近いでしょう。次の四つの要素が備わると、信心業らしくなります。

①内容が定型化されている。
②しばしば繰り返すことを本旨とする。
③ある程度の身体的行動を伴う。
④信徒だけでできる。（そうでない信心業もある）

3．信心業の四つの条件

（1）内容が定型化されている

ロザリオを祈ろうとなったときには、何をどう祈るかは決まっています。どういうふうに祈るかの相談から始めるということはありません。最小単位を連と呼びますが、一連は、主の祈りが一回、アヴェ・マリアの祈りが十回、栄唱が一回です。それが五つずつセットになっているのが、「喜びの神秘」、「光の神秘」、「苦しみの神秘」、「栄光の神秘」です。なお、神秘とは、救いの歴史における意義深い出来事のことと考えてください。

（注）ロザリオの祈りについては、来住英俊『目からウロコ　ロザリ

オの祈り再入門』(女子パウロ会)を読んでください。

十字架の道行の場合は、イエスが死刑の宣告を受けてから、墓に葬られるまでの十四の出来事(場面)を順に黙想し、祈ります。この一つひとつを留と呼びます。十四の場面はあらかじめ決まっているし、どう祈るかも決まっています。

(2) 繰り返す

やることは最初から決まっています。だから、やろうという意志さえあれば、すぐに取りかかれます。ですから繰り返せるのです。これが信心業の大きな利点です。

繰り返すことの意味は、現代では低く見られがちです。その度ごとに新しく考え出すのが創造的で優れていると考えるので、「同じことの繰り返しだ」というのは非難の言葉です。しかし、繰り返すことは、人間にとって大事なことです。子どもは繰り返しが好きです。良いお話なら、大人が根負けするくらい何回でも聞きたがります。あれは人間にとって本来的な欲望だと思います。良いと思ったことは何回でも聞きたい、経験したい。心にもっと深く受け入れたい。たしかに、決まったことを繰り返していると惰性になるおそれはあります。しかし、繰り返すということは、基本的には人間にとっていいことなのです。

私はロザリオについての本の中で、門脇佳吉神父が使っている良いたとえを紹介しました。釘を板に打ち込む場合、力の強い人が大きな金づちで一回ガーンと打ってもうまく入りません。ぐにゃっと曲がってしまいます。一方、小さな金づちで小さく何度もコンコンコンコンと打っていくと、堅い木にでもまっすぐ入っていきます。これはいいイメージです。同じ祈りを繰り返すことによって、一つの信仰の真実が私たちの心の中に少しずつ、しかし確実に入っていく。十字架の道行についても同じことが言えます。十四の留を順に祈ることを何度も繰り返しながら、イエス・キリストが人類のために苦難を受けてくださったという出来事が心に刻まれていきます。

ですから、定型化されているということはいいことなのです。しかし、この利点が発揮できるのは、その祈り方が何度繰り返しても飽きのこないものになっているからです。そして、特別の素養がなくても、誰でも祈れます。こういう祈りは、一人の優れた人物だけでは創作できません。世界に広がる信者の共同体が、その衆知を集めて、長い時間をかけて、繰り返しても飽きない祈り方を育ててきました。それが、私たちが信心業と呼んでいるものです。

なお、現代の若者の間で人気がある「テゼの祈り」の特徴も、短いフレーズを繰り返す歌です。

（3）身体の動きを伴う

そして、信心業は身体の動きを伴います。どんなに優れた祈りのテキストでも、それを黙って読むだけでは信心業とは言いません。声に出して読んだり、歌ったり、何かするのです。図像を見ているだけでは信心業とは言わないのです。皆でそれを押し立てて行列したりすると、信心業になります。これが信心業の強みになるのは、人間は身体を持つものとして創造されたからです。人間の信仰の表現は、身体の動きを伴うのがふさわしいのです。

この要素が最も強い信心業は「巡礼」です。目的地に向かって、一歩一歩、歩きます。サンチャゴ巡礼（スペイン）なら、何十日もかかって一心に歩いていきます。歩きながらロザリオをしたり、途中の聖堂で祈ったりもしますが、目的地に向かって歩いていくという行動が巡礼の本質です。キリスト者の人生は神の国に向かって皆で旅をすることですから、その意味でも巡礼はキリスト者らしい信心業です。ただ、時間とお金がかかるので、しばしば繰り返すのは難しいと思います。

聖体訪問は聖堂に安置されている聖体の前で座って祈るわけですが、家や職場からその場所まで行くという行動も含めて信心業だと考えてください。

ロザリオの場合、身体の動きがあるのかと思うかもしれませんが、珠《たま》を繰るのです。珠の役割は、祈りの数を数えるための道具だけではありません。指だけの小さな動きですが、珠を繰っていく。これも先へ先へと進む旅のイメージです。

道行の場合は留から留へ歩きます。教会堂の壁についているレリーフを回るのが普通です。あとでまた説明します。

（4）信徒だけでも、できる

信心業と呼ばれているものの中には、信徒だけではできないものもあります。例えば初金曜日という信心業がありますが、ミサを含みますから司祭がいないとできません。しかし、司祭なしでもできる信心業が多い。これからは、この要素が大事だと思います。

司祭はさらに少なくなります。司祭がいないと出来ない祈りばかりだと、祈りそのものが衰退してしまいます。また、秘跡は別ですが、もともと祈りのリードは信徒が積極的にやるべきものなのです。私は長崎で二年働いていたことがありますが、家庭で会食をする場合、司祭が同席していても、父親が食前の祈りを堂々と先導するのに感銘を受けました。信心業は食前の祈りよりも複雑ですが、決まった手順で行うものです。オリジナルの説教や勧めの言葉は必要ありません。やる気があれば誰でもリードできます。

このように考えると、「ロザリオの祈り」と「十字架の道行」は、四つの要素を兼ね備えています。信心業の両横綱であることがあらためて納得できると思います。

第二部　十字架の道行

第五章　道行の歴史

1. はじめに

十字架の道行は、イエスの地上の生涯の最後の数時間から十四の場面を選び、その出来事（場面）を黙想し、考察し、祈ります。一つひとつの場面で立ち止まって祈るところを「留」（station）と言います。死刑宣告の場から刑場までの道で、イエスがしばらく立ち留まられた（あるいは倒れた）場所だからです。

イエスの復活があった後、聖母ご自身が何度もエルサレムの町を歩いて、ここで我が子は倒れたとか、ここで私と目が合ったとか、そういう場所をたどられたという伝説があるそうです。伝説ではなく、本当のことかもしれません。復活の後で、ということが大事です。イエスの復活を知っている者が、イエスがしてくださったことを感謝しながらたどるのが十字架の道行です。そのとき、その場に居合わせた弟子たちは絶望して、ひたすら嘆き悲しんだかもしれませんが、道行をする人は悲しみや痛みだけに耽溺《たんでき》しないように注意すべきです。泣いてしまうこともありますが、私たちのためにこれほどの苦痛を忍んでくださったという感謝の涙でもあるはずです。「イエスは復活された」と知っている者が行うのが十字架の道行です。

2. 今の道行になるまで

古代エルサレム教会の信者たちは、自分たちの教会が救い主の受難と復活の地に建っていることに誇りを持ち、関連する場所を大事にして、復活祭の前後にはそこに集まって熱心に祈っていました。交通は不便だし、旅路の危険も多かった時代ですが、西欧のキリスト者たちも、イエスが歩んだ土地を自分も踏むために、聖地（特にエルサレム）を目指して旅をしました。また、十一世紀に始まった十字軍遠征によって、さらに多くの西欧のキリスト者たちが聖地を踏む機会を得ました。そして、エルサレムの教会が保存したイエスの受難に関連する場所を巡って、祈りました。初期は、死刑宣告の場所から十字架の立つ場所まで出来事の順に歩くという今の道行の形ではなく、主の受難と死に関連のある場所をあちこちと巡り歩くというものであったようです。

聖地を訪れて祈った西欧のキリスト者たちは、故郷に帰っても受難の聖地を想起したいと願って、自分の町や教会に受難の出来事を示す標識を立てるようになりました。そして、黙想の材料となる情景を描いた絵やレリーフが掲げられました。それらの場所を巡って、キリストの受難を思い、祈ったのです。

十字架の道行が盛んになったもう一つの要因は、西欧では十二世紀頃から、イエスの人間としての生涯に対する関心が高まったということです。特に、人間としての誕生と死です。教理の歴史を学んだ人は、これを今さらと思うかもしれません。「イエスはまことの神だが、まことの人間でもある。」この教義は、古代教会の長い論争の後に、カルケドン公会議（451年）で確定しました。ですから、十二世紀になって人間としてのイエスへの関心が高まったと聞くと、いぶかしく思うのです。しかし、イエスが人間であるという真理を認めることと、人間としての生涯の一つ一つの出来事に関心を持つのとは別のことです。キリスト教の最初の一千年は、イエスが人間であるということを「その生涯」としてではなく、「人間である」と一つかみで捉えていたようなところがあります。受難と死でもそうです。イエスが人間として苦しみ、人間として死んだことは認められていますが、図像的には、子羊の姿などでシンボリックに表現されていました。それが次第に変化して、苦しむイエスの姿が具体的に想像され、表現されるようになったのです。

この動きに大きな影響を与えたのは、アシジの聖フランシスコです（一一八二〜一二二六）。彼は降誕祭の家畜小屋の創始者とされていますが、これは画期的なアイデアです。「神が人となった」という教理ではなく、福音書の降誕の出来事そのものを、目に見える具体的な姿で示そうとしています。聖フランシスコは、イエスの最後の数時間の出来事を一つ一つ思い起こす「十字架の道行」が盛んになる基盤を据えた人でもあります。今日に至るまでフランシスコ修道会は十字架の道行と特別に深い関係があります。

十字架の道行が今の形になったのは、十七世紀前半のスペインだそうです。この信心業の価値を認めた多くの人が普及に尽力しましたが、中でも有名なのは聖レオナルド・ダ・ポルト・マウリツィオ（フランシスコ会士、一七五一年没）です。五七二以上の個所に道行を建てました。その一つがローマのコロセウムに残っていて、教皇が四旬節の道行に使うこともあります。

（注）ベネディクト16世名誉教皇の編んだ道行には、教皇儀典長による道行の短い歴史が付いています。『ベネディクト16世　黙想と祈りによる十字架の道行』（女子パウロ会）。

3. 留（station）の構成

今の標準形だと十四の留があります。「イエス死刑を宣告される」から「埋葬」まで、時間で言えばわずか半日の短い時間の中から十四の出来事を選び出してあります。留の構成が今の十四になったのは、十五世紀初期ベルギーのカルメル会士（John Pascha）の影響が大きいそうです。

① イエス、死刑を宣告される。
② イエス、十字架を担う。
③ イエス、初めて倒れる。
④ イエス、母マリアに出会う。
⑤ イエス、クレネのシモンの助けを受ける。

⑥ イエス、ベロニカより布を受け取る。
⑦ イエス、再び倒れる。
⑧ イエス、エルサレムの女性を慰める。
⑨ イエス、三度、倒れる。
⑩ イエス、衣をはがされる。
⑪ イエス、十字架につけられる。
⑫ イエス、十字架上で息をひきとる。
⑬ イエス、十字架から降ろされる。
⑭ イエス、墓に葬られる。

[タイトルは中央協議会版による。タイトルの表現が違うテキストもある。]

⑮ [イエス、三日目に復活する。]

伝統的な道行は十四の留で構成されていますが、第十五留として

「イエスの復活」を入れた道行も行われるようになりました。イエスの受難と死が、復活から切り離されて信心の対象となることを心配するからです。しかし、これは議論すべき問題です。第十四留・埋葬、第十五留・復活と続けて祈ると、復活がお手軽すぎる印象を与える気もします。また、第十四留のテキストは、だいたい復活の予感も含んで書かれています。四旬節の信心業として実践するなら、十四留で終わった方がいいと思います。イエスを埋葬して、そして復活徹夜祭を待つわけです。年間を通して実践するなら、復活もあった方がいいのかもしれません。

十四の留は全部が聖書に載っている出来事ではありません。イエスが途上で倒れたとは聖書に書いてありません。あの親切なベロニカは全く出てきません。しかし、民衆的な想像も交えて、最後の数時間のイエスの姿を想像するのは、十字架の道行のむしろ強みです。聖書はキリスト者にとって規範的なものですが、かといって聖書だけに限定すると、信仰心はかえって活力を失います。

今の十四の留はよくできていると思います。特に、「イエス、倒れる」が三度、繰り返して現れるという構成は優れたものです。これによって道行は緊迫感と現実性を増しています。しかし、信心業は典礼（ミサや教会の祈り）と違って自由度が高いので、新たな変わり種を創案することも禁じられていません。一つ例示しておきましょう。これは死刑宣告から十字架まで一飛びなので、日本語で思う「道行」（道を進む）とは言えない気がしますが。

【参考】福音ドミニコ・バルベリの道行
（イタリア人の御受難会員、十九世紀にイギリスで活動した）

①最後の晩餐、②ゲッセマネでの祈り、③逮捕される、④カイアファ邸での虐待、⑤ピラトの裁判、⑥ヘロデに侮辱される、⑦バラバから軽んじられる、⑧鞭《むち》打たれる、⑨茨の冠、⑩死刑の宣告、⑪十字架に釘づけられる、⑫十字架上の苦しみ、⑬十字架上の死、⑭十字架より降ろされ、埋葬される。

第六章　道行の構成要素

1．木の十字架

教会で正規の道行と認められるためには、各留に「木でできた十字架」が設けられていることが必要です。正規かどうかは、いわゆる免償を得られるかどうかと関係があります。免償とは罪の赦しのことではなく、罪の行為がもたらした悪い結果を償うことです。『カトリック大事典』（研究社）の「免償」の項を参照してください。

2. 絵画、レリーフ

普通は、十字架だけではなく、その場面の絵画あるいはレリーフがあります。もちろん想像の色が濃いわけですが、信心業は五感にも訴える祈りですから、情景を親しく目で見ることは大事です。祈るというと自動的に目を閉じてしまって、絵をあまり見ない人がいるのは残念です。聖堂内部の場合なら、壁に掛けられています。野外の道行の場合なら、十字架の柱が立っていて、そこにレリーフが掛けられています。

絵画やレリーフは、ごく簡単なスケッチ風のものから、多くの周辺人物を描き込んだものまで、詳しさの程度はさまざまです。新しいものはだいたいシンプルです。各留を漢字一字で表現している道行もあります。第十二留なら「死」という具合です。

3．テキストについて【私の自作テキストは別冊になっています】

各留の絵やレリーフの前にたたずんで、自分なりの祈りや黙想をしてもかまいません。しかし、その度ごとにそうしていたら、しばしば道行を祈ることは難しいでしょう。信心業の特色は、何をするかが定型化されていることです。そこで普通は、既存のテキストを使って祈ります。

使われるテキストは何種類もあります。今の日本の教会で代表的なテキストは、カトリック中央協議会出版部から出ている『十字架の道行』（一九九三年）です。かつては、『公教会祈祷文』（一九四八年）のテキストがスタンダードだった時代もあります。英語なら、ニューマン枢機卿やロマーノ・グァルディーニのような近代の霊性の大家が作ったテキストも入手できます。長く愛用されているテキストや大家のテキストには値打ちがありますが、どのテキストも聖書本文のような権威は持っていません。

聖書の関連個所を読むようになっているテキストもあります。「聖書によるロザリオの黙想」があるようなものです。もちろん数あるテキストはいろいろあってもいいのですが、私はあまり推薦しません。先にも言いましたように、民衆の自由な想像力は信仰心の豊かな発展にとって大事なものです。聖書に徹底的に親しんだ上で、聖伝に基づきつつ、自由に発想されたものが望ましいと思います。そもそも聖書にこだわったら、あの美しい第六留（ベロニカ）はなかったわけですから。

4．テキストの構成

テキストの多くは二部構成になっています。（一部構成のテキストもあります）

A　出来事の描写

B　出来事の考察、そこからの学び、祈り

Aは出来事の描写ですから、実質的にはそれほどの違いはありません。各テキストの特徴の多くはB（出来事の考察と祈り）にあります。

道行の基本は出来事を思い起こすことです。しかし、人間は出来事について考えたり思い起こしたりしていると、自分たちにとってその意味は何だろうということを考え始めます。それがBの文章です。多くの場合、イエスへの呼びかけ（祈り）という形を取ります。出来事は同じでも、そこから感じ取ることは人によって違います。既存のテキストを使う場合、著者にはぴったりとくるようであっても、自分にはピンとこない考察や祈りもあります。Bの部分だけでなく、Aの描写の中にも、著者の考察はある程度入りこんでいます。だから多くのテキストがあるのです。多様性があるのは当然のことで、どれが正しく、どれが間違っているということではありません。ただ、今の時代においてイエスの受難のどの側面が強調されるべきかという批評は必要だと思います（第七章を参照）。

絵画（レリーフ）とテキストが合っていると、より力強い祈りになります。しかし、別々に作成されるのが普通なので、文章と御絵があまり合わないこともあります。

5. 歩く

身体の動きを伴うことは、信心業の強みの一つです。十字架の道行の場合は、留から留へ歩くことが、それにあたります。四旬節などに小教区の行事として行われる場合、参加者が多いので、ベンチがじゃまになって壁に沿って皆で歩くことがしにくいのが難点です。席にとどまったまま、身体の向きだけを変えるというやり方もあります。この場合は、絵やレリーフを見つめることはほとんど不可能です。

歩く距離がある程度長い方が、信心業らしい良さがあります。野外の道行はその意味ではよいものです。御受難修道会の二個所の「黙想の家」（宝塚と福岡）には、野外の道行が設置されています。野外の場合はスペースがあるので、大勢で一緒に動くことができます。しかし、だらだら歩きながら世間話をする人が出てきがちなので、指導者はきちんと指示をする必要があります。

第七章　信心業と教理

1. はじめに

信心業は繰り返すところに値打ちがありますが、それだけに含まれている教理が知らないうちに意識にたたき込まれます。聖体礼拝（訪問）や巡礼は、教理との関連が単純ですから問題がありません。聖体礼拝なら「十字架につけられて死に、そして復活されたイエスは、いま私たちのただ中におられる」という教理です。巡礼なら「信仰者の生涯はイエスと共に目的地に向かって歩む旅である」という教理です。このような教理は、それだけをどんなに強調しても強調しすぎるということはありません。

一方、道行の場合は、テキストに含まれている教理は、それだけが一方的に強調されるとゆがんだ信仰理解になるということも起こり得ます。これは道行の問題というより、キリスト教信仰の中での受難の位置づけの問題です。道行を熱心に実践する人は、使っているテキストがどういう教理を含んでいるかについて自覚的である必要があります。いくつかの留について、数種のテキストを比較しながら検討してみましょう。

2. 道行に含まれる教理

(1) 第三留の比較

まず、かつて愛用された『公教会祈禱文』です。

第三留　イエズス　初めて倒れ給う

主はすでにむち打たれ、いばらの冠に刺貫かれ給えるほどに、傷あとただれ破れ、あけの血に染みて歩み給いければ、衰弱のあまり足下よろめき、ついに十字架の重きに堪えずして、傾きかがみ、やがて大地に倒れ給う。

▲主イエズス・キリスト、主を倒しまいらせしは一にわれらなり。

われら罪に陥りたるによりて、主はかかる苦難を受け給うなれば、われら深くこれを悲しみ奉る。この御苦難の功力によりて、われらを罪より救い給わんことを、ひたすら願い奉る。

『公教会祈祷文』では、イエスの苦難は私たち人間の罪のせいだという見方は何度も繰り返されます。この第三留だけでなく、第一留には「主を死刑に処せしは、ピラトとユデア人にあらず、ひっきょうこれわれらの罪の業なり」（110ページ）とあります。第五留には、「主の十字架を担いて、力弱り給いしは、これ全くわれらの罪の重きが故なり」（117ページ）。これは『公教会祈祷文』全体に浸透している受難の理解です。

聖パウロは「キリストが、聖書に書いてあるとおりわたしたちのために死んだ」（Iコリント15章）と書いています。だから、それを言い換えて、「イエスの受難と死は人間の罪のせいだ」という言い方をするのも間違いではありません。道行を祈りながら自分の生活を省みれば、「イエスが倒れたのはこの私の罪のせいなのだ！」、そのような思いがおのずと浮かび、感謝と申し訳なさで心が一杯になる。それ自体は尊いことだと思います。

しかし、「私のせいだ」が「私の（救いの）ために」を圧倒してしまうのは良くありません。道行を祈る度に、「イエスはこの私の罪のせいで押しつぶされたのだ」という理解だけを意識に埋め込まれることは健全ではないと思います。教会が人間の罪と呼んでいるのは、まず第一に、人類全体の罪です。そのことがわかっていないと、敬虔な信者ほど、キリストの受難を「この私の罪」だけに直接的に結びつけてしまいがちです。その結果、自責の念ばかりが強くなり、この世界を害している他の多くの人々（特に権力者）の罪を正しく弾劾することができにくくなる危険があります。解放の神学の一つの功績は、敬虔な貧しい人々が「自分たちも罪人なのだから、他人を責めるべきではない」という（それ自体は間違っていない）自制を相対化して、権勢家たちの横暴と対決するようになったことではないかと思っています。

中央協議会版では、第三留はこのようになっています。

第三留　イエス、初めて倒れる

【先唱】　昨夜からのむごい仕打ちで痛めつけられたイエスに、今はもう重い十字架を引きずって石畳の道をたどる力は残っていません。足はよろめき、肩に食い込む十字架に押しつぶされて、思わずお倒れになりました。

【一同】　主イエス・キリスト、あなたは神のみ心に背くわたしたちの罪の重さを全身でお感じになりました。罪を繰り返すうちにその恐ろしさに鈍くなっているわたしたちが、自分の罪の重さに気づき、神のみ前に身をかがめてゆるしを願うことができますように。

道行のテキストはそれぞれがゼロから考えたものではなくて、前からあるテキストによく親しんだ上で、それを自分の信仰の感受性に少しずつ従って書き変えていったと思われます。この中央協議会版にも、『公教会祈祷文』にある「イエスの苦しみは私の罪のせいだ！」という見方は残っています。しかし、「あなたは神のみ心に背くわたしたちの罪の重さを全身でお感じになりました」という穏当なトーンに変わっています。正しい感受性を残しながらも、自責だけに傾きすぎない良い文章になっていると思います。

次に、私の自作テキストを読んでください。

A　しっかりと担いだ十字架ですが、重いものはやはり重い。それに加えて、前夜からの尋問や拷問でイエスの体は疲れ果てています。ついに、地面にお倒れになりました。

B　主イエス・キリスト、地面にお倒れになったとき、あなたは何をご覧になったでしょうか。エルサレムの石畳、石ころや砂、その間からけなげに頭を出している小さな草が、目のすぐ前に迫って見えたのではないでしょうか。私も倒れたときには、今まで高みから見下ろしていた小さなものを、目のすぐ前に見ることでしょう。そして、今まで知らなかった美しさを知ることでしょう。

「イエスの苦しみは人間の罪のせい」という見方をまったく取り除きました。イエスが倒れられたという出来事を、人間の罪と結びつけるのではなく、人間の「苦しみ」と結びつけています。イエスは人間の友であり、人間たちの代表者です。人は苦しむものだから、人となられた神、イエスもまた苦しまれた。だから、私は第三留を「人間の罪のせいだ」という反省や痛みではなく、「イエスもまた苦しまれた」という共感に重点を置いて提示しました。そして、イエスは倒れたとき、何をご覧になったかを想像してみました。

(2) 第五留、第六留の比較

第五留　イエス、クレネのシモンの助力を受ける

まず、池田教会版（大阪教区）を掲げます。

【先唱】主よ、あなたが最も助けを必要とされたときに、使徒たちはどこに行ったのでしょうか。あなたの十字架を担ぐよう召されたのは、使徒ではなく、通りがかりの一信者、クレネのシモンでした。

【一同】十字架が突然私の肩に置かれることがあります。そのとき、あなたと共に十字架の道を歩むよう召されているのです。あなたの十字架を担うほどの信仰を私にもお与えください。

このテキストは出来事をクレネのシモンの立場で考察しています。

多くのテキストがこの視点です。つまり、イエスではなくて、クレネのシモンに自分を同一化するようにして考察しています。見知らぬ人の十字架を担いだシモンに倣って、「あなたも身近に困っている人がいたら助けてあげてくださいね」と勧めるテキストです。次に、私の自作テキストを見てください。

A

イエスの足がもはや進まないのを見た兵士たちは、そこに居合わせたクレネのシモンに、イエスに代わって十字架を担わせました。憐れみのためか、早く面倒な任務を終わらせたかったからか。いずれにしても、シモンはさぞ迷惑と感じたことでしょう。しかし、心ならずもイエスと一緒に十字架を運んだシモンは、これを縁として、後に主の教会の一員となりました。

B

主イエス・キリスト、あなたは、私の荷を共に負ってくれる人を送ってくださいます。私に好意を持っているわけではなく、ただ押し付けられて運んでいるのかもしれません。しかし、私は、手を貸してくれる人に感謝します。あなたが送ってくださった人だからです。その人の人生にも思いを向け、恵みを祈ります。

あなたもシモンのように助ける人になりなさいではなくて、「イエスのように、人が助けてくれていることをよく受け入れる人になりなさい」と勧めています。中央協議会版もここでは私と同じ方向です。「主イエス・キリスト、あなたはわたしたちの予期しない出来事を通しても恵みをお与えになります。」

受難というけれども、人間は「難」ばかりを受けているわけではありません。欧米語ではパッション（passion）です。パッションはパッシヴ（passive）、「受動的」と関係のある言葉です。つまり、受ける立場にあるということです。自分の身に起こることを深く受けることがパッションです。ひどい仕打ちをされて、それを受けることも多い。しかし、人間というものは親切なところもあって、大して義理もない人が助けてくれるということはあります。ただ、私たちは自分のことにかまけているので、助けてくれる人がいるということに気がつこうとしません。それで世を恨み、人を恨んでいます。しかし、私の問題を解決してくれはしなくても、一臂《いっぴ》の力を貸してくれる人は、私の人生の旅路に何人も現われています。これがわかるということ、助けてくれる人の行為と心を深く受け取るということは大事なことだと思います。

第六留（ベロニカの親切）も、私は同じように考察しました。

A

よろめきながら進むイエスの顔は、血と汗にまみれ、苦痛にゆがんでいます。意識さえぼんやりとしはじめたそのとき、イエスの目の前に白いハンカチが現われました。そして、その向こうに、気遣わしげな表情をした、善良な女性の顔が見えました。イエスはそのハンカチで顔をぬぐい、その布をお返しになりました。

B

主イエス・キリスト、あなたは、私がどんな状況の中でも、同情ある人に出会えることを教えてくださいました。彼女のしてくれることは小さなことですが、純粋な同情は心を癒やしてくれます。世や人々を恨まず、私に布を差し出してくれる人の優しさを見落とさず、彼女の上に神の祝福を願います。「憐れみ深い人々は幸いである。その人たちは憐れみを受ける」と書かれています。

シモンとベロニカのどこが違うかというと、クレネのシモンはやりたくなかったんだけどやらされてしまったという助け方です。市役所の福祉係の職員みたいな、「面倒くさいな、でも仕事だからしようがない」という助け方です。一方、ベロニカは憐れみのある人です。助けてあげたいと思って、助けました。イエスの苦しみを取り去ったわけではない。ただ、憐れみを注いだのです。イエスはその憐れみを受けました。

私のテキストは、このように全部の留を「イエスの立場」で貫いています。その意味では、一貫性があります。しかし、シモンやベロニカに倣いましょうという考察も価値あるものだと思います。多様なテキストが、それぞれの留の出来事をどのような視点で考察しているかに自覚的であってほしいと思います。

（注）悪いことも良いことも、「受ける」ということがキリスト教信仰にとって大事だということは、『イエス登場！』（気合の入ったキリスト教入門、第三巻、ドン・ボスコ社）の第6章に詳しく書きました。

第三部　日本の教会と信心業

第八章　現代に実践する十字架の道行

1．現代の実践（小教区）

　信心業は独りですることもできますが、信徒のグループで集まって祈ることもできます。グループでする祈りには人を巻き込む力があり、それは信心業の魅力を増します。

　四旬節だけでも、週一回、小教区で道行を祈ることができれば、主の受難に心を向ける上でたいへん有益です。ただし、実行するなら思い切りよく没入することが必要だと思います。いくつかの小教区で道行に参加したことがありますが、どうも祈っている人に気持ちが入っていない気がしました。信心業の特色は、信者の感情に場を与えることです。主の受難を思って涙ぐむということは決して軽蔑すべきことではないのです。

『公教会祈祷文』のテキストは、イエスの苦痛を表現するのに生々しい表現を用いています。たとえば、第十一留はこうです。

（……）ユデア人はカルワリオにおいて主の御衣をはぎまいらせたり。その時御衣は御傷に付着して痛さに堪え給うべくもあらず。御頭のいばらの冠もさわりなりとて取り除けしを、またもとの如く押しかむらせまいらせたり。そはいと苦しきことなれども、群衆の前にはだをさらさせ給いしは、なおこれにまさりて苦しげに見えさせ給う。

これをやりすぎと感じる人もあるでしょう。実際、聖書の記事はイエスの肉体的精神的苦痛を露骨には表現していません。しかし、そこまで具体的に想像して、感情を大きく動かすことこそ信心業の持ち前です。評判になった映画『パッション』（メル・ギブソン監督、二〇〇四年公開）はその点で優れていたのです。『公教会祈祷文』のテキストはグループでしっかり声を出して祈ると、現代でも感銘を与えてくれるでしょう。ただし、感情に訴える面では魅力を感じますが、文体の古めかしさからして、小教区で広く使用されるのは無理でしょう。また、強調されている教理が今では不安も感じさせます（第三留についての考察を参照）。

一方、感情の発露という意味では、中央協議会版は私には少し物足りない気がします。しかし、現実的に言って、小教区で最も合意しやすいのは、誰もが作成元の権威を認める中央協議会版です。他のテキストでは（私のものを含めて）「あなたの趣味を押しつけないでください」と思う人が出てくるかもしれません。

中央協議会版をテキストとして採用して、カトリック聖歌集などを用いて感情に訴えていくのがいいと思います。『いばらのかむり』（カトリック聖歌集171番）は心にしみます。テキストの先唱の部分を読む人も、一同の部分を読む会衆もしっかり声を出してください。ミサでも信徒の積極的参加が強調されますが、実際には大事な部分（奉献文、公式祈願）は司祭だけが声を出して祈るという構造です。信心業こそは、信徒が大いに能動的に参加する祈りです。

なお、テキストは、原則としてずっと同じものを使うべきです。その度ごとにテキストが変わったら、会衆は気持ちを乗せることができません。初見の聖歌ばかりだとミサが縮こまるのと同じことです。ほとんど暗記しているくらいになってこそ、共同の道行の力は発揮されます。

2．現代の実践（個人、小グループ）

道行の本来の力が発揮されるのは、大勢で集まって祈るときです。小教区の公的行事として、活気ある道行が行われることを望んでいます。しかし、道行に限らず、少数の信者が散らばって暮らす日本の教会では、しばしば教会に集まること自体が難しい。現代日本では、自分だけでもやるという意志が必要と思います。あるいは、黙想会や祈りの集いなどの小グループで実践する。ロザリオの祈りの場合も、やはり大勢で力強く祈るという機会は少なくなりました。しかし、個人や小グループの祈りとしては健在です。

小グループで道行を祈る場合は、テキストは中央協議会版だけでなく、もっと選択肢が広くなります。集いの指導者が選んでも納得を得られるでしょう。私も自分が指導する黙想会なら、遠慮なく自作のテキスト（本書の別冊）を使います。

家庭で独りでテキストだけを使って道行を祈ることもできます。レリーフのような道行の設備がないし、また身体を動かすという要素が弱くなるので、道行というより個人の黙想に近くなります。それなら聖書を黙想した方がいいと考える人もあるでしょう。しかし、聖書を越えた自由な想像力の魅力が、道行にはあります。

テキストの選択については、グループで大きな声を出して祈ると魅力のあるものと、個人で黙想して味わい深いテキストは違います。自分の黙想として好ましいと思うものを選ぶべきでしょう。先にも言いましたように、ニューマン枢機卿、ロマーノ・グァルディーニといった近代の霊性の大家のテキストも英語でなら入手できます。なお、個人で道行を祈る場合は、いくつかのテキストを交互に併用していいと思います。テキストごとに異なる洞察や描写が霊的刺激になるでしょう。

3. 社会の問題

現代の信者は社会の苦難についての関心が強くなっています。新しく道行のテキストを編む場合、その関心を組み込むべきでしょうか。実際に、そういうテキストはすでにいくつも存在します。たとえば、ヘンリー・ナウエン神父の『イエスとともに歩む―十字架の道ゆき』

（聖公会出版）です。

社会の苦難も信仰の重大な関心事だから当然組み込むべきだ、とは言えません。信心業の伝統的な魅力の一つは、ミサで築かれた「イエスと私」の親密な関係をさらに育てることができるということです。信仰者にはそのニーズがたしかにあります。キリスト教信仰は共同体的だというのは疑いのない真理ですが、「イエスと私」の親しさが漂白されてしまった共同体的信仰は生命力が希薄だと思います。

道行のテキストに、自分の直接経験から遠い社会の問題を組み込むと、ミサの共同祈願みたいな感じになって、「イエスと、この私」の親しさが薄くなりはしないでしょうか。祈りの形にはそれぞれ役割があります。道行のテキストに現代社会の苦難への関心を求めすぎることは、かえってこの信心業の魅力を失わせることになるのではないか。

しかし一方で、日本も貧しさや不平等が広がり、深刻になりつつあります。多くの人にとって、いわゆる社会問題は、もう自分自身が投げ込まれている問題なのかもしれません。宿題として残しておきます。

第九章　信心業の将来

現代日本の教会では、信仰生活の話題といえば、一方ではミサ、もう一方では現実社会での信仰の実践です。しかし、他にも必要なものはあります。

中世後期に信心業が盛んになり、トリエント公会議の典礼改革の後にさらに隆盛になりました。それは公式の典礼であるミサが提供できない（しようとしない）ものを信者に与えたからです。三つをあげてみます。

（1）ミサで使用されている言語（ラテン語）が会衆にはわからない。

（2）トリエント・ミサは、よくいえば端正に過ぎて、会衆の感情に訴えることがない。会衆が感情を表現することも難しい。

（3）ミサの主役は司祭で、会衆がミサに能動的に参加できない。

第二バチカン公会議後の典礼改革で、言語の問題はほとんど解決しました。あとの二つについてもかなりの進歩がありました。しかし、ギャップはまだ埋められていないと感じます。

ローマ典礼は重要な祈りを声に出して祈るのは司祭に限定していま す。そこに引き締まった美しさもあるので、変えたいとは思いません。しかし、重要な祈りが聴くだけ（心の持ち方はともかく）になってい る典礼で、自分たちが主役として参加しているという意識を持つのは限界があると思います。信心業は、祈りの中核の部分を信徒も声に出して祈ることができます。

感情表現の問題は、国語化、対面ミサなどで進展があったと思います。しかし、現代日本のミサは、やはり端正なものです。会衆の感情の出番は作りにくい。たしかに、情感豊かな新しい聖歌（一般賛歌）の充実などは効果的でしょう。また、ラテン・アメリカやアフリカでは、民衆の祈りが歌や踊りでダイナミックに表現されているという実例もあります。しかし、会衆が感情を全開させるのは、入祭や奉納では出来ても、奉献文あたりでは難しい気がします。ミサとは別に、信心業的なものの復興を考えるべきではないでしょうか。

現代でも新しい信心業の誕生があり得るという貴重な例は、「テゼの祈り」です。若者の間で人気があります。グループで集まって、静謐な雰囲気の中でローソクを灯して、ちょっと練習すれば誰でも歌える、単純で美しい聖歌を歌います。歌詞は繰り返しが多いのが特徴です。歌集を持つ必要がないので祈りに没入できます。静謐ですが、感情の発露もそれなりにあります。これからも新しい信心業が生まれることを期待していいと思います。

おわりに

信心業に関する本として、私はすでに「目からウロコ」シリーズで、『ロザリオの祈り再入門』を書いています。今回は十字架の道行について書きました。私は「御受難の出来事の記憶」（メモリア・パシオーニス）を維持することを使命とする修道会の会員なので、一つ責務を果たした思いです。

もう一つ、女王とも言うべき信心業は、聖体礼拝（聖体の前での祈り）です。キリスト教信仰の精髄は、「人生の旅路をイエス・キリストと共に歩む」ということです。聖体礼拝は、イエスは共におられるという信仰を養うために大いに重視すべき祈りです。いつか書きたいと思っています。

二〇一四年十一月

来住英俊

聖書の引用はすべて、日本聖書協会の
『聖書　新共同訳』(1999年版)を使用
させていただきました。

目からウロコ
十字架の道行再発見

*

著　者　来住英俊
装　丁　進む原田
発行所　女子パウロ会
代表者　松岡陽子

〒107-0052　東京都港区赤坂8-12-42
Tel.(03)3479-3943　Fax.(03)3479-3944
webサイト　http://www.pauline.or.jp/
印刷所　富士リプロ株式会社
初版発行　2015年1月25日

ISBN978-4-7896-0752-0　C0016　NDC196